BEI GRIN MACHT SICH IHR WISSEN BEZAHLT

Bibliografische Information der Deutschen Nationalbibliothek:

Die Deutsche Bibliothek verzeichnet diese Publikation in der Deutschen National-bibliografie; detaillierte bibliografische Daten sind im Internet über http://dnb.d-nb.de/ abrufbar.

Impressum:

Copyright © 2019 GRIN Verlag
Druck und Bindung: Books on Demand GmbH, Norderstedt Germany
ISBN: 9783346121059

Dieses Buch bei GRIN:

https://www.grin.com/document/517917

Alexander Hermert

"Soziale Pathologie". Die kritische Dimension von Axel Honneths Gesellschaftstheorie

GRIN Verlag

GRIN - Your knowledge has value

Der GRIN Verlag publiziert seit 1998 wissenschaftliche Arbeiten von Studenten, Hochschullehrern und anderen Akademikern als eBook und gedrucktes Buch. Die Verlagswebsite www.grin.com ist die ideale Plattform zur Veröffentlichung von Hausarbeiten, Abschlussarbeiten, wissenschaftlichen Aufsätzen, Dissertationen und Fachbüchern.

Besuchen Sie uns im Internet:

http://www.grin.com/

http://www.facebook.com/grincom

http://www.twitter.com/grin_com

Rheinisch-Westfälische Technische Hochschule

RWTH Aachen University

Philosophische Fakultät

Der Begriff der *Sozialen Pathologie* und die kritische Dimension von Axel Honneths Gesellschaftstheorie

Hausarbeit

Sommersemester 2019

Vorgelegt von:

Alexander Hermert

Aachen, der 09.08.2018

Inhaltsverzeichnis

1. Einleitung

„Der Einwand, der Seitensprung, das fröhliche Misstrauen, die Spottlust sind Anzeichen der Gesundheit: alles Unbedingte gehört in die Pathologie."[1]

Seit jeher verstand sich Sozialphilosophie als Disziplin in deren Zentrum die Kritik an der soziale Wirklichkeit stand. Dazu rekurrierte sie auf eine Vorstellung der *guten* Gesellschaft, um anhand dieser solche sozialen Zustände, die dieser Vorstellung widerstrebten, als pathologisch zu kritisieren.[2] Doch mit der in dem Aphorismus Friedrich Nietzsches zum Ausdruck kommenden These eines ethischen Relativismus, schien die kritische Aussagekraft der Sozialphilosophie in ihrem universellen Anspruch zerbrochen. Im Zuge dieser und weiterer, meist methodologisch begründeter, Bruchlinien innerhalb der Sozialphilosophie haben sich eine Vielzahl verschiedener Gesellschaftstheorien entwickelt, die auf unterschiedlichste Weise versuchen die entstandenen Probleme zu beantworten.

Eine Gesellschaftstheorie, die aufgrund des Versuchs der Restituierung einer *starken*, kontext-transzendierenden Kritik, besonders hervortritt, ist die Theorie der Anerkennung des ehemaligen Direktors am Frankfurter Institut für Sozialforschung Axel Honneth. Im Zuge seiner Reinterpretation des Hegelschen Motivs eines „Kampfes um Anerkennung"[3], zeichnet sich, durch das Denken der Kritischen Theorie inspiriert, die „Idee einer kritischen Gesellschaftstheorie ab, in der Prozesse des gesellschaftlichen Wandels mit Bezugnahme auf die normativen Ansprüche erklärt werden sollen, die in der Beziehung der wechselseitigen Anerkennung strukturell angelegt sind."[4] Vor dem Hintergrund der dabei konzipierte Theorie der Anerkennung zeichnet sich die Diagnose von *sozialen Pathologien*, in erster Instanz verstanden als elementare Beeinträchtigung einer ungebrochenen Anerkennung, als Kern der gesellschaftskritischen Dimension seiner Theorie aus. Doch welche kritischen Implikationen resultieren aus der Theorie der Anerkennung im Allgemeinen und welche genaue Bedeutung kommt dem Begriff der *sozialen Pathologie* schlussendlich zu? Inwiefern lässt sich deshalb sein Status als zentrales Moment sozialphilosophischer Reflexion nachvollziehen und rechtfertigen?

---

[1] Nietzsche, Friedrich: Jenseits von Gut und Böse. Vorspiel einer Philosophie der Zukunft, in: Colli, Giorgio/ Mazzino Montinari (Hrsg.): Friedrich Nietzsche. Kritische Studienausgabe 5, Berlin/New York 1993, S. 100.
[2] Vgl. Honneth, Axel: Pathologien des Sozialen. Tradition und Aktualität der Sozialphilosophie, in: Ders. (Hg.): Pathologien des Sozialen. Die Aufgaben der Sozialphilosophie, Frankfurt a. M. 1994, S.49 (im Folgenden zitiert als: Honneth: Pathologien des Sozialen).
[3] Vgl. Honneth, Axel: Kampf um Anerkennung. Zur moralischen Grammatik sozialer Konflikte, Frankfurt a. M. 2016, S. 11 - 105 (im Folgenden zitiert als: Honneth: Kampf um Anerkennung).
[4] Ibid., S. 8.

1

Um dieser Frage nachzugehen, soll in einem ersten Schritt auf methodologischer Ebene die eigene Verortung Honneths in die Tradition der Kritischen Theorie nachgezeichnet werden, um zu zeigen, dass die Übernahme der Idee einer immanent ansetzenden, aber dennoch kontexttranszendierenden Kritik im Zentrum seiner Interpretation steht.[5] Dieses von Georg Friedrich Wilhelm Hegel inspirierte Kritikmodell ist allerdings auf die Explikation einer normativ begründeten Gesellschaftstheorie angewiesen, um einen Begründungshorizont für das transzendierende Moment der Kritik bereitzustellen. Daher wird anschließend die Theorie der Anerkennung als ebensolche Gesellschaftstheorie vorgestellt und in ihren Grundzügen erläutert. Denn nur auf Grundlage des normativen Fundaments eines „moraltheoretischen Monismus"[6] lässt sich der besondere Anspruch von Honneths Gesellschafts*kritik* verständlich machen. Die Rekonstruktion der kritischen Implikationen, insbesondere in Hinblick auf ihre gerechtigkeitstheoretischen Konsequenzen, soll daher im vierten Kapitel federführend sein. Anschließend sollen die herausgearbeiteten Implikation mit dem Begriff der *sozialen Pathologie* in Verbindung gebracht werden und seine Bedeutung für die Interpretation sozialphilosophischer Kritik abschließend resümiert werden. Auf Grundlage der bis dahin erarbeiteten Ergebnisse, soll Honneths kritische Theorie der Gesellschaft nicht nur dahingehend überprüft werden, ob der gesetzte Anspruch auch schlussendlich verwirklicht werden konnte. Über diese Rekapitulation hinaus soll, in Form einer Einbindung in den umliegenden Diskussionszusammenhang, ein Ausblick mit besonderem Augenmerk auf die Potenziale des Konzepts der *sozialen Pathologie* gewährt werden.

2. Zum Verhältnis von Kritischer Gesellschaftstheorie und immanenter Kritik

> „Denn wenn auch kein Zweifel über das »Woher«, so herrscht desto mehr Konfusion über das »Wohin«. Nicht nur, daß eine allgemeine Anarchie unter den Reformern ausgebrochen ist, so wird jeder sich selbst gestehen müssen, daß er keine exakte Anschauung von dem hat, was werden soll. Indessen ist das gerade wieder der Vorzug der neuen Richtung, daß wir nicht dogmatisch die Welt antizipieren, sondern erst *aus der Kritik der alten Welt die neue finden* wollen."[7]

---

[5] Im Verlauf der Ideengeschichte des Begriffs kam es zu unterschiedlichen Interpretationen dessen, was immanente Kritik darstellt und welche Prämissen damit verbunden sind. Im Sinne der untersuchten Fragestellung, soll immanente Kritik den Typus von Kritik benennen, den Honneth seiner eigenen Theorie zu Grunde legt und von dem er zu zeigen versucht, dass dieser im Kern eine von Marx und der Kritischen Theorie aufgenommene Hegelsche Tradition darstellt.

[6] Fraser, Nancy/ Honneth, Axel: Umverteilung oder Anerkennung? Eine politisch-philosophische Kontroverse, Frankfurt a. M. 2003, S. 186.

[7] Marx, Karl: Briefe aus den Deutsch-Französischen Jahrbüchern. Marx an Ruge, in: Ders. /Engels, Friedrich: Werke. Band 1, Berlin/DDR 1976, S. 343f.

Honneths kritische Theorie der Gesellschaft versteht sich als sozialphilosophische Weiterentwicklung der Kritischen Theorie, wie sie von den Mitgliedern der Frankfurter Schule in den 30er Jahren des letzten Jahrhunderts konzipiert wurde.[8] Hierbei zeichnet sich *kritische Gesellschaftstheorie*, in Anschluss an Honneths eigener Interpretation, allerdings primär durch eine bestimmte Form der „normativen Kritik"[9] aus. Vor dem Hintergrund eines linkshegelianischen Erbstückes bestand der Anspruch der Kritischen Theorie bereits bei der Konsolidierung des Instituts für Sozialforschung darin, nicht nur den eigenen normativen, sowie gesellschaftlichen Standpunkt reflexiv mitzudenken, sondern dessen Maßstäbe auch an der gesellschaftlichen Realität ausweisen zu können:

> „Die dialektische Theorie übt keine Kritik aus der bloßen Idee. Schon in ihrer idealistischen Gestalt hat sie die Vorstellung von einem an sich Guten, das der Wirklichkeit bloß entgegengehalten wird, verworfen. Sie urteilt nicht nach dem, was über der Zeit, sondern nach dem, was an der Zeit ist:"[10]

Das Fundament kritischer Gesellschaftstheorie kann dementsprechend nicht in einem unbedingten, von sozialen Praktiken unabhängigen Maßstab begründet liegen, ohne dabei Gefahr zu laufen eine partikuläre Sichtweise, in Form eines elitären Sonderwissens, zu verabsolutieren. Ebenso wenig kann sich Gesellschaftskritik hinsichtlich ihrer normativen Dimension allein auf das moralische Selbstverständnis einer Gesellschaft zurückbesinnen, da dieser relativistische Anspruch eine konservierende, das Bestehende lediglich reproduzierende Tendenz aufweist und damit seine emanzipatorisch-transformative Aussagekraft einbüßt. Daher kann das in Frage kommende Modell der Kritik nur aus dem Aufbrechen und der anschließenden dialektischen Vermittlung dieses *traditionellen* Dualismus seine Kraft schöpfen; sie muss *aus der Kritik der alten Welt die neue finden*:

> „Die Alternative, Kultur insgesamt von außen, unter dem Oberbegriff der Ideologie in Frage zu stellen, oder sie mit den Normen zu konfrontieren, die sie selber auskristallisierte, kann die kritische Theorie nicht anerkennen. Auf der Entscheidung: immanent oder transzendent zu bestehen, ist ein Rückfall in die traditionelle Logik, der Hegels Polemik an Kant galt: daß jegliche Methode, welche Grenzen bestimmt und in den Grenzen ihres Gegenstands sich hält, eben dadurch über die Grenzen hinausgehe."[11]

---

[8] An dieser Stelle wird darauf hingewiesen, dass auf die Schwierigkeiten einer exakten Deutung dessen, was „Kritische Theorie" ist, wer als ihre „Vertreter" angesehen werden können und in welchem Maße die Idee einer in Generationen angeordneten „Familiengeschichte" plausibel ist, im Zuge dieser Arbeit nicht eingegangen werden kann.

[9] Honneth, Axel: Die soziale Dynamik von Mißachtung. Zur Ortsbestimmung einer kritischen Gesellschaftstheorie, in: Ders.: Das Andere der Gerechtigkeit. Aufsätze zur praktischen Philosophie, Frankfurt a. M. 2000, S. 88 (im Folgenden zitiert als: Honneth: Die soziale Dynamik von Missachtung).

[10] Horkheimer, Max: Traditionelle und kritische Theorie, in: Ders.: Traditionelle und kritische Theorie. Vier Aufsätze, Frankfurt a. M. 1968, S.62.

[11] Adorno, Theodor W.: Prismen. Kulturkritik und Gesellschaft, in: Ders.: Gesammelte Schriften 10.1. Kulturkritik und Gesellschaft I, Frankfurt a. M. 1977, S. 25f. An dieser Stelle muss festgestellt werden, dass die Bedeutung

Während sich dieses Kritikmodell, welches ich in Anschluss an Honneth als immanent beschreiben möchte, „in den Grenzen ihres Gegenstands […] hält", die zur Kritik herangezogenen
Normen inhärent aus der sozialen Wirklichkeit heraus rekonstruiert, so geht es „eben dadurch
über die Grenzen hinaus", transzendiert also in einem kontextübergreifenden Geltungsan-
spruch. Dieser Anspruch entspringt der „linkshegelianische[n] Prämisse […], der zufolge sich
die gesellschaftliche Reproduktion über Formen einer sozialen Praxis vollzieht, in der Ver-
nunftleistungen des Menschen verkörpert sind."[12] Der daraus resultierende historische Prozess
einer zunehmenden Verwirklichung menschlicher Vernunft, der sich als emanzipatorisches Interesse innerhalb der sozialen Wirklichkeit niederschlägt, bildet den normativen Referenzrahmen der aus der Gesellschaft rekonstruierten und zur Kritik herangezogenen Ideale. Doch sowohl theorieimmanente Entwicklungen, hier insbesondere die Konsequenzen der *Dialektik der
Aufklärung*[13], als auch die niederschmetternden Erfahrungen des Totalitarismus hatten zur
Folge, dass die erste Generation der Kritischen Theorie sich nicht mehr in der Lage sah ein
emanzipatorisches Interesse, das Ausdruck eines rationalen menschlichen Fortschritts hätte sein
können, in der sozialen Wirklichkeit ausfindig zu machen.[14]

Daher bestehe die primäre Aufgabe hinsichtlich der Aktualisierung der *kritischen* Gesellschaftstheorie, und damit auch für Honneths eigenes Unternehmen, darin „die soziale Realität
kategorial so zu erschließen, daß in ihr wieder ein Moment der innerweltlichen Transzendenz
sichtbar wird."[15] Dies muss verstanden werden als Suche nach einem normativen Maßstab, der
auf implizite Weise den sozialen Praktiken einer Gesellschaft zugrunde liegt, darüber hinaus
aber ebenfalls in der Lage ist eine gesellschaftliche Dynamik im Sinne eines rationalen Fortschritts voranzutreiben und erklärbar zu machen.[16] Damit ergibt sich für das Projekt einer

---

von „immanent" die Adorno hier im Sinn hat, nicht der Interpretation Honneths entspricht. Dieser bezeichnet
solche Formen der Kritik als „intern".
[12] Honneth, Axel: Rekonstruktive Gesellschaftskritik unter genealogischem Vorbehalt. Zur Idee der ‚Kritik' in der
Frankfurter Schule, in: Ders.: Pathologien der Vernunft. Geschichte und Gegenwart der Kritischen Theorie,
Frankfurt a. M. 2007, S. 65 (im Folgenden zitiert als: Honneth: Rekonstruktive Gesellschaftskritik).
[13] Vgl. Adorno, Theodor W./ Horkheimer, Max: Dialektik der Aufklärung. Philosophische Fragmente, Frankfurt a.
M. 2013, S. 1ff.
[14] Vgl. Honneth: Die soziale Dynamik von Missachtung, S. 90ff. Hierbei gilt es allerdings auf zwei Einschränkun-
gen hinzuweisen: Zunächst muss konstatiert werden, dass sich Honneth mit seiner Diagnose der „ersten Generation" primär auf Adorno und Horkheimer bezieht und einräumt, dass von „randständigen Mitarbeitern des
Instituts […] theoretische Impulse [hätten] ausgehen können.", Ibid. Darüber hinaus schränkt Honneth seine
Kritik an der Gesellschaftstheorie Adornos dahingehend ein, dass er den Möglichkeiten des Konzepts der „gelungenen Mimesis" zu wenig Bedeutung eingeräumt habe, vgl. Honneth, Axel: Kritik der Macht. Reflexionsstufen einer kritischen Gesellschaftstheorie, Frankfurt a. M. 1989, S. 386ff.
[15] Honneth: Die soziale Dynamik von Missachtung, S. 92.
[16] Vgl. Jaeggi, Rahel: Kritik von Lebensformen, Frankfurt a. M. 2014, S. 307f (im Folgenden zitiert als: Jaeggi: Kritik von Lebensformen).

4

Gesellschaftskritik, im Rahmen einer linkshegelianisch inspirierten, immanenten Kritik, die Notwendigkeit einer auf diesem Maßstab aufbauenden Gesellschaftstheorie[17], die in der Lage ist die normative Grundlage so zu formulieren, dass sie abstrakt genug ist um ihren universellen Anspruch nicht zu verlieren, andererseits konkret genug, um diese auch in der gesellschaftlichen Realität ausweisen zu können. Eine ebensolche „normativ gehaltvolle Gesellschaftstheorie"[18] legt Axel Honneth mit seiner Theorie der Anerkennung vor, deren Grundzüge im Folgenden dargestellt werden sollen.

3. Der „Kampf um Anerkennung" als normatives Fundament kritischer Gesellschaftstheorie

Ausgangspunkt von Honneths Theorie der Anerkennung, seiner gesamten Sozialphilosophie, ist die von Hegel inspirierte, jedoch formal-anthropologisch gewendete These, die gesellschaftliche Wirklichkeit konstituiere sich durch intersubjektive Beziehungen der Anerkennung, weil die gelungene Anerkennung durch Andere eine notwendige Bedingung für die individuelle Verwirklichung eines „guten Lebens" darstelle.[19]

Hegel hatte in seinen Jenaer Schriften die Perspektive eröffnet die Konflikte des sozialen Gefüges sozialontologisch auf einen Kampf der Subjekte, um die wechselseitige Anerkennung ihrer Identität zurückzuführen.[20] Dieser Kampf um Anerkennung affiziere wiederum aufgrund seiner eigenwilligen Dynamik einen Prozess moralischen Fortschritts, „der über verschiedene Stufen eines Kampfes zu immer anspruchsvolleren Verhältnissen der reziproken Anerkennung führ[e]"[21] Dabei ergibt sich aus den inhärenten Begrenzungen der jeweiligen Stufen die Notwendigkeit einer anspruchsvoller angereicherten Sphäre der Anerkennung. Dies mündet bei Hegel schließlich in der kategorialen Unterscheidung von drei distinkten, aber dennoch dialektisch miteinander verwobenen Formen der Anerkennung, die Honneth später als Sphäre der Liebe, des Rechts und der Solidarität bezeichnet.[22]

---

17 Vgl. Ibid., S.278.
18 Honneth: Kampf um Anerkennung, S. 7.
19 Vgl. Ibid., S. 148.
20 Vgl. Ibid., S. 20ff.
21 Ibid., S. 103.
22 Vgl. Sigwart, Hans-Jörg: Axel Honneth, Kampf um Anerkennung (1992), in: Brocker, Manfred (Hg.): Geschichte des politischen Denkens. Das 20. Jahrhundert, Berlin 2018, S.790ff (im Folgenden zitiert als: Sigwart: Honneth).

Doch ergibt sich für Honneth das Problem, dass Hegels Konzept an die Bedingungen des Deutschen Idealismus und der damit verbundenen metaphysischen „Hintergrundgewissheit eines übergreifenden Vernunftgeschehens"[23] geknüpft bleibt. Deshalb könne nur die Ersetzung der metaphysischen Präsuppositionen durch ein erfahrungswissenschaftliches Fundament die von Hegel eröffnete Perspektive „empirisch kontrollierbar"[24] und damit für die Entwicklung einer *modernen* kritischen Gesellschaftstheorie fruchtbar machen.

Im Zentrum dieser Aktualisierung des „Kampfes um Anerkennung" steht die Feststellung Honneths, dass es weniger die positive Dimension einer gelungenen Anerkennung, als die negativen Erfahrungen vorenthaltener Anerkennung sind, die sich erfahrungswissenschaftlich rekonstruieren und ausweisen lassen. Denn es sind die verschiedenen Erfahrungen der Missachtung und die damit einhergehenden Beeinträchtigungen individueller Selbstverwirklichung, die „motivational den Anstoß zu sozialem Widerstand und Konflikt, eben zu einem Kampf um Anerkennung"[25] geben und damit als vorwissenschaftliche Instanz „die Tatsache vorenthaltener Anerkennung sozial erfahrbar machen."[26]

Anhand der zuvor dargestellten Überlegungen reformuliert Honneth nun die idealistisch-spekulative Kategorisierung der drei Sphären von Seiten Hegels „in Form einer phänomenologisch angelegten Typologie."[27] Er verfolgt hierbei das Ziel „jene drei Anerkennungsmuster so zu beschreiben [...], daß sie an einzelwissenschaftlich dargelegten Sachverhalten empirisch kontrollierbar werden."[28] Darüber hinaus soll gezeigt werden, dass sich innerhalb der drei distinkten Anerkennungssphären ebenfalls drei distinkte Typen praktischer Selbstbeziehung herausbilden, die jeweils zu einem Zuwachs der „subjektive[n] Autonomie des Einzelnen"[29] beitragen.

Als elementarste Stufe der reziproken Anerkennungsverhältnisse zeichnet Honneth im Zuge dessen jene sich im Modus der Liebe verwirklichenden Beziehungen aus. Honneth stellt allerdings heraus, dass die Vorstellung von Liebe nicht auf die „romantische[...] Aufwertung der sexuellen Intimbeziehungen" reduziert werden darf, sondern in einem neutralen Sinn als „starke[...] Gefühlsbindungen zwischen wenigen Personen"[30] zu verstehen sei. Innerhalb dieses Paradigmas, so versucht er mit Verweis auf die psychoanalytische „Theorie der

---

[23] Honneth: Kampf um Anerkennung, S. 108.
[24] Ibid., S. 150.
[25] Ibid., S. 213f.
[26] Ibid., S. 150.
[27] Ibid.
[28] Ibid.
[29] Ibid., S. 151.
[30] Honneth: Kampf um Anerkennung, S. 153.

Objektbeziehung"[31] zu verdeutlichen, erkennen sich Individuen als *selbstständige Andere* an. Das soll bedeuten, dass auf Grundlage „eine[r] durch wechselseitige Individuierung gebrochene[n] Symbiose"[32] ein Bewusstsein sowohl für die eigene Unabhängigkeit als auch für die des Gegenübers geschaffen wird in dessen Horizont „die Subjekte wechselseitig zu einem elementaren Vertrauen zu sich selber gelangen."[33] Wie Honneth allerdings betont lässt sich die Anerkennung wie sie in liebevollen Primärbeziehungen zu Tage tritt nicht auf eine rein faktische Respektierung der Unabhängigkeit des Gegenübers reduzieren; vielmehr weitet sich das Vertrauen in sich selbst auch auf den anerkannten Partner aus und mündet in einer „durch Zuwendung begleitete[n], ja unterstützte[n] Bejahung von Selbstständigkeit."[34] Dieses affektive Vertrauen der liebevollen Anerkennung lässt sich allerdings ihrem eigenen Gehalt nach „nicht beliebig auf eine größere Zahl von Interaktionspartnern übertragen."[35] Deshalb verweist diese beschränkte Reichweite der Liebessphäre auf die Notwendigkeit einer darüber hinausgehenden Sphäre, die den „moralischen Partikularismus"[36] der Liebe um ein universelles Moment der Anerkennung erweitert.

Innerhalb dieser zweiten Sphäre der Anerkennung, die des modernen Rechts, erkennen sich Subjekte „wechselseitig als Personen an, die in individueller Autonomie über moralische Normen vernünftig zu entscheiden vermögen."[37] Es ist also gerade das universalistische Begründungsprinzip des modernen Rechts, im Gegensatz zur traditionellen Kopplung der Rechte an die soziale Rolle, das einen besonderen Modus der Anerkennung verlangt. Denn nur durch die Anerkennung Anderer allein auf Grundlage ihres Mensch-Seins und dem damit verbundenen Zugeständnis ihres Rechts auf (universelle) Rechte, entwickelt das Individuum analog ein Verständnis für den eigenen berechtigten Anspruch auf dieselben Rechte und damit auch für die Achtung der eigenen Person. Hier wird bereits deutlich, dass sich diese Form der Anerkennung im Unterschied zur affektiven, emotional begründeten Anerkennung der Liebe, einer kognitiven Begründungslogik bedient und damit einer historischen und kulturellen Varianz unterliegt. Die besondere Qualität der rechtlichen Anerkennung, im Sinne Honneths, tritt nämlich erst mit der Entwicklung eines universellen Rechtssystems, das sich von früheren Privilegierungen befreit hat, zu Tage und verweist damit auf den historischen Prozess der Moderne.

---

[31] Ibid., S. 157ff.
[32] Ibid., S. 173.
[33] Ibid.
[34] Ibid., S. 173.
[35] Ibid., S. 174.
[36] Ibid.
[37] Ibid., S. 177.

Doch gerade die in der Moderne stattfindende „Abkoppelung der rechtlichen Anerkennung von der sozialen Wertschätzung"[38], die die universalistische Ausweitung von Rechtsansprüchen erst ermöglichte, zeigt simultan die moralische Beschränktheit der zweiten Anerkennungsform des modernen Rechts auf:

> „[W]eil das Recht ein Verhältnis der wechselseitigen Anerkennung darstellt, durch das jede Person als Träger derselben Ansprüche die gleiche Achtung erfährt, kann es gerade nicht als ein Medium der Respektierung der besonderen Lebensgeschichte jedes einzelnen Individuums dienen; eine solche, gewissermaßen individualisierte Form der Anerkennung setzt vielmehr über die kognitive Erkenntnisleistung hinaus noch ein Element der emotionalen Anteilnahme voraus, das das Leben des Anderen als einen riskanten Versuch der individuellen Selbstverwirklichung erfahrbar macht."[39]

Es ist also schlussendlich die Anerkennung der allgemeinen Differenz der Menschen bezüglich der individuellen Verwirklichung ihres Lebensentwurfs, die der dritten Sphäre der Anerkennung – der sozialen Wertschätzung oder im honnethschen Duktus der Solidarität – zugrunde liegt. Da sich allerdings im Zuge der Moderne der Referenzrahmen dieser Verwirklichung, der in der traditionellen Gesellschaft „an den Status des gesamten Standes, also kollektiv festgeschrieben war"[40], vollständig individualisiert hat, bedarf es eines neuen Orientierungsrahmens. Vor dessen Hintergrund erfährt der Einzelne für seinen Lebensentwurf ebenso Wertschätzung, wie er andere, divergierende Lebensentwürfe wertschätzen kann. Dies bedeutet allerdings „nicht nur passive Toleranz gegenüber, sondern affektive Anteilnahme an dem individuell Besonderen der anderen Person [zu] wecken: denn nur in dem Maße, in dem ich aktiv dafür Sorge trage, daß sich ihre mir fremden Eigenschaften zu entfalten vermögen, sich die uns gemeinsamen Ziele zu verwirklichen."[41] Die Bestimmung dieser gemeinsamen Ziele, die im Zentrum des „kulturellen Überlieferungshorizont einer Gesellschaft"[42] stehen, unterliegen hierbei gleichsam dem modernen Recht einer historisch-kulturellen Varianz. Sie sind Gegenstand permanenter Kämpfe um die Mitgestaltung des gemeinsamen Orientierungsrahmens und damit auch Kämpfe um die Möglichkeit für die eigenen individuellen Leistungen Wertschätzung zu erfahren, weil ihre Bedeutung für die gemeinsamen Zielsetzungen der Gesellschaft anerkannt werden.[43]

Nachdem versucht wurde zu zeigen, dass aus den methodologischen Konsequenzen der immanenten Kritik, im Sinne von Honneths Interpretation, die Notwendigkeit einer normativ gehaltvollen Gesellschaftstheorie resultiert, war es Ziel dieses Kapitels, die Theorie der Anerkennung

---

[38] Honneth: Kampf um Anerkennung, S. 179.
[39] Ibid., S. 95.
[40] Sigwart: Honneth, S. 799.
[41] Honneth: Kampf um Anerkennung, S. 210.
[42] Ibid., S. 217.
[43] Vgl. Honneth: Kampf um Anerkennung, S. 81.

als eine ebensolche Gesellschaftstheorie einzuführen und in ihren Kernpunkten zu skizzieren. Es hat sich gezeigt, dass Honneth anhand der vorwissenschaftlich fundierten Erfahrung der Missachtung den Entwurf Hegels einer in drei Sphären kategorisierten Anerkennungstheorie reformuliert und modernisiert. Die drei Sphären der Anerkennung – Liebe, Recht und Solidarität – werden im Zuge dessen an drei Typen der praktischen Selbstbeziehung – Selbstvertrauen, Selbstachtung und Selbstschätzung – beziehungsweise an der Beeinträchtigung dieser Selbstbezüglichkeit erfahrungswissenschaftlich rückgebunden. Anhand dieses theoretischen Fundaments sollen nun die kritischen Implikationen von Honneths Gesellschaftstheorie herausgearbeitet und beleuchtet werden.

4. Die „Theorie der Anerkennung" als kritische Theorie sozialer Gerechtigkeit

> „Das leibhafte Moment meldet der Erkenntnis an, daß Leiden nicht sein, daß es anders werden solle. ‚Weh spricht: vergeh.' [...] Die Abschaffung des Leidens, oder dessen Milderung hin bis zu einem Grad, der theoretisch nicht vorwegzunehmen, dem keine Grenze anzubefehlen ist, steht nicht bei dem Einzelnen, der das Leid empfindet, sondern allein bei der Gattung, der er dort noch zugehört, wo er subjektiv von ihr sich lossagt und objektiv in die absolute Einsamkeit des hilflosen Objekts gedrängt wird."[44]

Was in diesem Zitat Adornos zu Tage tritt ist die Motivation und der zentrale Anspruch gesellschaftskritischen Denkens, mehr noch sozialphilosophischen Denkens als solchem: die „Abschaffung des Leidens". Der Hoffnung verpflichtet, „daß Leiden nicht sein [muss]", überverantwortet die Kritische Theorie Adornos diesen Prozess der menschlichen Gattung und stemmt sich damit gegen die liberale Vorstellung von dem Individuum als Agent und *alleiniger* Garant seines eigenes Glücks: „Es gibt kein richtiges Leben im Falschen."[45]

Axel Honneth will mit seinem Entwurf einer anerkennungstheoretisch fundierten Gesellschaftstheorie an diesen Anspruch anknüpfen und setzt entsprechend die Diagnose sozialer Missstände in das Zentrum seiner Analyse. Seine Sozialphilosophie lässt sich allerdings nicht auf diese rein analytische Dimension beschränken, denn aufgrund ihres immanent-kritischen Charakters „ist [sie] *als Analyse Kritik* (und nicht: eine bloße *Beschreibung* des Bestehenden) und *als Kritik Analyse* (und nicht: eine bloße *Forderung* an das Bestehende) [Herv. i. O.]."[46] Hierbei ist ein besonderes Anliegen Honneths die Notwendigkeit einer sich auf „starke,

---

[44] Adorno, Theodor W.: Negative Dialektik, in: Ders.: Gesammelte Schriften 6. Negative Dialektik, Jargon der Eigentlichkeit, Frankfurt a. M. 1977, S. 203.
[45] Adorno, Theodor W.: Minima Moralia. Reflexionen aus dem beschädigten Leben, in: Ders.: Gesammelte Schriften 4. Minima Moralia, Frankfurt a. M. 1980, S. 43.
[46] Jaeggi: Kritik von Lebensformen, S. 280.

kontexttranszendierende Maßstäbe"[47] stützenden Kritik gegenüber einer schwachen, kontextualistischen Gesellschaftskritik zu verteidigen.

In diesem Sinne lässt sich Honneths Entwurf auch als „kritische Theorie sozialer Gerechtigkeit"[48] lesen, die als solche gleichzeitig eine Kritik an anderen Formen von Gerechtigkeitstheorie darstellt, weil sie „die konstitutive Rolle gesellschaftlicher Konflikte und die Bedeutung der intersubjektiv zu erschließenden Quellen der ‚Selbstachtung' für die Frage gerechter gesellschaftlicher Verhältnisse in den Vordergrund"[49] rückt. Honneth will damit explizit der Tendenz innerhalb der Gesellschaftskritik entgegenwirken, „die normative Ordnung von Gesellschaften [lediglich] daran zu messen, ob sie bestimmten Prinzipien der Gerechtigkeit genügen".[50] Diese Formen von Gesellschaftskritik – ob sie ihre Maßstäbe nun hermeneutisch aus dem Selbstverständnis einer Gesellschaft intern rekonstruieren oder ob „unter den fiktiven Bedingungen einer idealen Ausgangssituation ein Bündel von allgemein zustimmungsfähigen Grundsätzen begründet"[51] wird[52] – würden bei aller Differenzierung, die Honneth diesen Modellen zugesteht, „in der Beschränkung auf nur einen Typus von sozialem Mißstand"[53] münden und müssten daher selbst kritisiert werden.

> „Wie Wenig sinnvoll eine solche einschränkende Prämisse ist, läßt sich schon daran erkennen, daß im allgemeinen auch in liberalen Gesellschaften noch ganz andere Umstände als Mißstände erfahren werden können: so ist es durchaus vertretbar, nicht die Art der Befriedigung von Ansprüchen allein für falsch, sondern diese selber in gewisser Weise für ‚falsch' zu halten; oder wir können überzeugt sein, daß der Mechanismus im ganzen fragwürdig ist, nach dem unsere Ansprüche oder Wünsche zustande kommen"[54]

Das bedeutet, dass neben den sozialen Missständen, die aus der „Verletzung von allgemein gültigen Gerechtigkeitsprinzipien"[55] resultieren, eine zweite Art von Missständen existiert. Diese lassen sich als negative Erfahrungen der Individuen in der sozialen Wirklichkeit rekonstruieren und können daher als legitimer Gegenstand einer Gesellschaftskritik herangezogen werden. Verletzungen dieser Qualität verweisen weniger auf die Dimension der ungenügenden

---

[47] Honneth, Axel: Über die Möglichkeit einer erschließenden Kritik. Die ‚Dialektik der Aufklärung' im Horizont gegenwärtiger Debatten über Sozialkritik, in: Ders.: Das Andere der Gerechtigkeit. Aufsätze zur Praktischen Philosophie, Frankfurt a. M., S. 73 (im Folgenden zitiert als: Honneth: Erschließende Kritik).

[48] Sigwart: Honneth, S. 790.

[49] Ibid.

[50] Honneth, Axel: Verdinglichung. Eine anerkennungstheoretische Studie, Frankfurt a. M. 2005, S. 106.

[51] Honneth: Rekonstruktive Gesellschaftskritik, S. 63.

[52] Als Beispiel einer hermeneutischen Theorie der Gerechtigkeit sei hier auf Michael Walzer verwiesen, dessen Modell Honneth selbst zur kritischen Abgrenzung heranzieht. Siehe: Honneth: Erschließende Kritik, S. 75ff. Die Kritik an liberal-konstruktivistischen Gerechtigkeitstheorien formuliert Honneth primär in Auseinandersetzung mit der Theorie John Rawls. Siehe: Honneth: Rekonstruktive Gesellschaftskritik, S. 61.

[53] Honneth: Erschließende Kritik, S. 77.

[54] Ibid., S. 79.

[55] Honneth, Axel: Verdinglichung. Eine anerkennungstheoretische Studie, Frankfurt a. M. 2005, S. 106.

Verwirklichung im distributiven Sinn, sondern resultieren aus dem begründeten Unbehagen gegenüber den Gerechtigkeitsprinzipien selbst. Diese haben im entsprechenden Fall womöglich einen Status eingenommen, der die grundsätzlich Bedingungen für ein gelungenes Lebens blockiert. Damit greifen Fehlentwicklungen, die sich als Missstände dieses zweiten Typus in der sozialen Wirklichkeit niederschlagen, auf einer tiefgreifenden Dimension des gesellschaftlichen Daseins an und veranlassen Honneth diese als *pathologisch* zu beschreiben.

Daher soll nun in einem letzten Schritt die Bedeutung des Begriffs der *sozialen Pathologie* im Werk Axel Honneth rekonstruiert werden, um anhand dieser Beschreibung nochmals auf die zuvor nur angeschnittenen Formen der Missachtung anzuschließen und den Zusammenhang dieser beiden Themenkomplexe herauszuarbeiten.

5. *Soziale Pathologie* als Schlüsselbegriff anerkennungstheoretischer Gesellschaftskritik

> „Im Feld der Sozialphilosophie geht es heute darum, wieder Anschluß an jene Traditionen zu finden, in denen als deren Aufgabe die Diagnose von sozialen Pathologien gesehen worden ist; dazu bedarf es eines normativen Maßstabs, der umfassender ist als derjenige einer formalen Theorie der Gerechtigkeit, weil den Bezugspunkt einer solchen Diagnose nur die Voraussetzungen eines guten Lebens unter Bedingungen gesellschaftlicher Integration darstellen können."[56]

Mit dem Begriff der *sozialen Pathologie* übernimmt Honneth einen Begriff in seine Sozialphilosophie, der aufgrund seines bewusst normativ-kategorischen Charakters äußerst problematische Implikationen und Konsequenzen in sich birgt.[57] Andererseits drängt der Bedarf einer „Instanz der therapeutischen Selbstkritik [...], in deren Horizont wir uns über die Angemessenheit unserer Lebensweise verständigen können"[58] die Sozialphilosophie zu der Einnahme einer ethischen Perspektive und damit zu der Notwendigkeit von, auf dieser Perspektive aufbauenden, Pathologiediagnosen. Dabei hat sich im Laufe der, durch die Rezeptionsgeschichte und umfangreichen Diskussionen angestoßenen, Weiterentwicklung von Honneths Denken die Unterscheidung von *sozialen Pathologien* erster und zweiter Ordnung herausgebildet. Während sich erstere auf die Fehlentwicklung von gesellschaftlichen Normen als solche beziehen, stellt sich die zweite Form als Beeinträchtigung dar, „bei [der] [...] nicht oder nicht nur eine Norm verletzt

---

[56] Honneth, Axel: Das Andere der Gerechtigkeit. Aufsätze zur praktischen Philosophie, Frankfurt a. M. 2000, S. 7.
[57] Vgl. Honneth: Pathologien des Sozialen, S. 49f.
[58] Honneth: Erschließende Kritik, S. 81.

wird, sondern bei [der] [...] die reflexiven Fähigkeiten von Subjekten untergraben werden, die es ihnen erlauben zwischen Verletzung und Erfüllung von Normen zu unterscheiden"[59]

5.1 *Soziale Pathologien* erster Ordnung

> „Wenn wir behaupten, daß die für eine Gesellschaft charakteristischen Wünsche oder Interessen eine falsche Richtung nehmen, oder die Mechanismen problematisieren, nach denen sie zustande kommen, so vertreten wir damit implizit die These, daß ein sozialer Zustand diejenigen Bedingungen verletzt, die für ein gutes Leben unter uns eine notwendige Voraussetzung darstellen. Als Oberbegriff für die Fehlentwicklungen, die in solchen Urteilen über einen gesellschaftlichen Zustand kritisiert werden, scheint mir der Terminus der „Pathologie" angemessen."[60]

Vor dem Hintergrund seiner zuvor dargestellten, formalen Konzeptualisierung des guten Lebens erreicht seine Argumentation mit der Beschreibung sozialer Zustände als pathologisch, also gewissermaßen als objektiv abweichend oder krankhaft, seine gesellschaftskritische Pointe. Nicht nur verweist dieser Begriff aufgrund seiner implizit angelegten normativen Überladung zwangsläufig auf die Notwendigkeit einer normativ gehaltvoll Gesellschaftstheorie und folgt damit begrifflich dem Muster, dem auf methodischer Seite die immanente Kritik entspricht. In dem kategorischen Charakter des Pathologischen kulminiert darüber hinaus der Anspruch einer *starken*, kontextübergreifenden Kritik.

Die Diagnose von *sozialen Pathologien* erster Ordnung ist dabei „auf das Wohlergehen des einzelnen gerichtet, soweit dieses in den Ermöglichungsrahmen der Gesellschaft fällt"[61], weil die intersubjektiv vermittelte Anerkennung eine notwendige Bedingung für „das Wohlergehen des einzelnen" im gesellschaftlichen Ganzen darstellt. Damit schlagen sich *soziale Pathologien* erster Ordnung als systematische Beeinträchtigungen eben dieser sozialen Bedingungen individueller Selbstverwirklichung nieder: als Funktionsstörungen der ungebrochenen Anerkennung in den drei Anerkennungssphären. Das bedeutet für die Analyse solcher Anerkennungspathologien ferner, dass

> „[w]enn die Erfahrung von Mißachtung die Vorenthaltung oder den Entzug von Anerkennung signalisiert, dann müssen sich innerhalb des negativen Phänomenbereichs dieselben Unterscheidungen wiederfinden lassen, die schon innerhalb jenes positiven Phänomenbereichs anzutreffen waren."[62]

Innerhalb der Liebessphäre sind es Formen „der physischen Verletzung, wie sie in der Folter oder der Vergewaltigung geschehen"[63] die die praktische Selbstbeziehung – das Selbstvertrauen – nachhaltig zerstören. Die Beurteilung dieses anerkennungsdefizitäre Status, den

---

[59] Stahl, Titus: Verdinglichung als Pathologie zweiter Ordnung, in: Deutsche Zeitschrift für Philosophie, Berlin 2011, S. 740f.
[60] Honneth: Erschließende Kritik, S. 80.
[61] Honneth: Pathologien des Sozialen, S. 53.
[62] Honneth: Kampf um Anerkennung, S. 213.
[63] Honneth: Kampf um Anerkennung, S. 214.

Honneth im Duktus seiner medizinischen Metaphorik als „psychischen Tod"[64] umschreibt, unterliegt aufgrund seines interpersonellen-affektivem Charakters allerdings einer schwachen historisch-kulturellen Varianz. Daher eignen sich diese Erfahrungen, so lässt sich der Gedanke Honneths darüber hinaus weiterführen, nur bedingt zur Diagnose *sozialer Pathologien* erster Ordnung, weil die ihnen zugrunde liegende Form der Missachtung nur schwer mit der Sozialstruktur einer gegebenen Gesellschaft in Verbindung gebracht werden kann. [65]

Von weitaus höherer Relevanz für die Diagnose struktureller Anerkennungsdefizite ist die zweite Form der Missachtung, die Entrechtung. Der systematische rechtliche Ausschluss ganzer Personengruppen führt bei den betroffenen Individuen zu dem „Gefühl, nicht den Status eines vollwertigen, moralisch gleichberechtigten Interaktionspartners zu besitzen"[66] und blockiert sie in der Konstituierung ihrer Selbstachtung. Die Erfahrung dieses „sozialen Todes"[67] ist allerdings nicht nur Resultat einer unzureichenden Universalisierung des Rechts. Sie bemisst sich „auch an dem materialen Umfang der institutionell verbürgten Rechte"[68] und ist damit als Ausdruck eines geschichtlichen Prozess selbst historisch hochvariabel.

Ähnliches gilt auch für die dritte Dimension intersubjektiver Anerkennung, der sozialen Wertschätzung. Denn die Missachtung individueller Lebensformen und -weisen „kann ein Subjekt […] nur in dem Maße auf sich als Einzelperson beziehen, in dem sich die institutionell verankerten Muster der sozialen Wertschätzung historisch individualisiert haben."[69] Diese Entwürdigung von Lebensentwürfen richten sich zwar auch gegen kollektive Entwürfe und damit gegen gesellschaftliche Gruppen, doch bleibt sie immer auch auf das einzelne Individuum bezogen. Daher geht mit der kulturellen Herabwürdigung „ein Verlust an persönlicher Selbstschätzung einher, der Chance, sich selbst als ein in seinen charakteristischen Eigenschaften und Fähigkeiten geschätztes Wesen verstehen zu können"[70]: eine Kränkung.

---

[64] Ibid., S. 218.
[65] Vgl. Ibid., S. 215. An dieser Stelle ist darauf hinzuweisen, dass hierbei allerdings diverse Phänomene möglich wären, bei denen begründet von einer Verbindung zwischen gesellschaftlichen Physiognomie und Formen der Folter bzw. Vergewaltigung ausgegangen werden kann. So ließen sich beispielsweise ritualisierte Formen weiblicher Genitalverstümmelungen als Ausdruck sozialer Struktureigentümlichkeiten interpretieren und so unter der anerkennungstheoretischen Folie von *sozialen Pathologien* untersuchen. Siehe insbesondere unter Bezug universalistischer Begründungen der Kritik: Mende, Janne: Begründungsmuster weiblicher Genitalverstümmelung. Zur Vermittlung von Kulturrelativismus und Universalismus, Bielefeld 2014.
[66] Honneth: Kampf um Anerkennung, S. 216.
[67] Ibid., S. 218.
[68] Ibid., S. 216.
[69] Ibid., S. 217.
[70] Honneth: Kampf um Anerkennung, S. 217.

Doch auch wenn sich *soziale Pathologien* erster Ordnung, als systematische Beeinträchtigungen einer gelungenen Anerkennung, in der Erfahrung von Missachtung niederschlagen, ist nicht jede dieser Erfahrungen Ausdruck einer gesellschaftlichen Fehlentwicklung. So ergibt sich aus der inneren Beschränkung der Anerkennungssphären selbst, gemäß der fortschreitenden Prozesslogik des „Kampfes um Anerkennung", auch immer ein Defizit an Anerkennung. Von einer *sozialen Pathologie* erster Ordnung kann daher nur gesprochen werden, wenn ein systematischer Zusammenhang zwischen der gesellschaftlichen Struktur, ihrer historischen Entwicklung und den Erfahrungen von Missachtung attestiert werden kann[71]: *Soziale Pathologien* sind auch immer *Pathologien des Sozialen*.

5.2 *Soziale Pathologien* zweiter Ordnung

Während sich *soziale Pathologien* erster Ordnung im Bewusstsein der betroffenen Gesellschaftsmitglieder als Beeinträchtigungen von Anerkennungserwartungen – seien diese nun explizit oder implizit ausformuliert – manifestieren und damit „Kämpfe um Anerkennung" affizieren, stellt sich die Problemstellung bei *Pathologien* zweiter Ordnung als tiefgreifender heraus. Zwar leiden die Betroffenen beobachtbar ebenfalls an verschiedenen Formen der Missachtung, doch können die ihnen zugrunde liegenden Anerkennungsforderungen „aus systematischen Gründen nicht als expliziter Konflikt um Normen"[72] interpretiert und ausgetragen werden. Die Konsequenzen dieser *Pathologien* sind derart fundamental, dass die „Akteure [...] ihren moralischen Sinn und die Fähigkeit, sich von der Situation zu distanzieren und diese angemessen zu beurteilen"[73] verlieren:

> „Insofern stellen die Fehlentwicklungen oder Störungen, die damit gemeint sind, nach einem Vorschlag von Christopher Zurn ‚second-order disorders' dar; es handelt sich um Rationalitätsdefizite, die darin bestehen, daß Überzeugungen oder Praktiken einer ersten Stufe von den Betroffenen auf einer zweiten Stufe nicht mehr angemessen angeeignet und verwendet werden können"[74]

Dieses Reflexivitätsdefizit, das eigene Leid nicht in eine moralische Grammatik übersetzen und damit die dahinterstehende *Pathologie* erster Ordnung zum Ausgangspunkt sozialer Konflikte erheben zu können, resultiert allerdings nicht aus der individuellen Unfähigkeit im Sinne einer kognitiven Störung. Dieses Defizit ist viel mehr Ausdruck einer gesellschaftlicher

---

[71] Vgl. Honneth: Die soziale Dynamik von Missachtung, S. 103.

[72] Stahl, Titus: Immanente Kritik. Elemente einer Theorie sozialer Praktiken, Frankfurt a. M. 2013, S. 367 (Anmerk. 28) (im Folgenden zitiert als: Stahl: Immanente Kritik).

[73] Celikates, Robin: Kritik als soziale Praxis. Gesellschaftliche Selbstverständigung und kritische Theorie, Frankfurt a. M. 2009, S. 180 (im Folgenden zitiert als: Celikates: Kritik als soziale Praxis).

[74] Honneth, Axel: Das Recht der Freiheit. Grundriss einer demokratischen Sittlichkeit, Berlin 2011, S. 157 (im Folgenden zitiert als: Honneth: Das Recht der Freiheit).

Fehlentwicklung[75], die auch daher systematischen Charakter besitzt, da ein interner Zusammenhang zwischen *Sozialpathologien* erster und zweiter Ordnung besteht.

Pathologien zweiter Ordnung beziehen sich immer auf solche erster Ordnung im Sinne einer Verblendung, sind allerdings „auf einer höheren Stufe der sozialen Reproduktion wirksam, auf der es um den reflexiven Zugang zu den primären Handlungs- Normensystemen geht."[76] Daher äußern sich *soziale Pathologien* zweiter Ordnung auch nicht in der individuellen Erfahrung von Missachtung, die sich in Gefühle der Wut und der Scham übersetzt. Vielmehr zeigen „die Mitglieder bestimmter Gruppen Tendenzen zur Verhaltenserstarrung, zur Rigidisierung ihres Sozialverhaltens und Selbstbezuges [...], die sich in schwer greifbaren Stimmungen der Niedergedrücktheit und Orientierungslosigkeit offenbaren."[77] Dies hat zur Folge, dass die erfahrungswissenschaftliche Rückbindung der Pathologiediagnose in diesem Fall nur schwerlich auf empirischen Weg zu bewerkstelligen ist. Da sich die betroffenen Individuen der, ihrem Leid zugrunde liegenden, pathologischen Struktureigentümlichkeiten nicht bewusst sind reagieren diese mit diffusen Gefühlreaktionen auf die sie umgebenen Zustände. Um „kollektive Befindlichkeiten solcher Art zum Vorschein bringen zu können [...] [bedarf es daher der] Analyse von ästhetischen Zeugnissen, in denen solche Symptome indirekt zur Darstellung gelangen."[78]

Aus diesem Grund divergiert auch der Bedeutungsgehalt der Kritik bezüglich dieser beiden Dimensionen *sozialer Pathologien*. Im ersten Fall besteht die Aufgabe der Kritik darin die, in den individuellen Erfahrungen der Missachtung implizit angelegten, Anerkennungsansprüche so zum Ausdruck zu bringen, dass diese „der bisher dominanten expliziten Ordnung sozusagen auf Augenhöhe begegnen."[79] Die Kritik an *Pathologien* zweiter Ordnung hingegen setzt auf einer höheren Ebene an. Als „*Kritik zweiter Ordnung*", kritisiert sie die Bedingungen und Möglichkeiten der Kritik selbst, mit dem Ziel einer „(Wieder-) Herstellung der Bedingungen [...], die eine Kritik erster Ordnung, also die alltäglichen Praktiken der Kritik ermöglichen und fördern."[80] Insofern kann diese Form der Kritik „in eine materiell gehaltvolle Kritik erster Ebene übergehen, wenn sich zeigt dass die Defizite der herrschenden Praxis in der mangelhaften Verwirklichung materialer Vorbedingungen gegründet sind."[81]

---

[75] Vgl. Honneth: Das Recht der Freiheit, S. 157.
[76] Ibid.
[77] Ibid., S. 158.
[78] Ibid.
[79] Stahl: Immanente Kritik, S. 368.
[80] Celikates: Kritik als soziale Praxis, S. 184.
[81] Stahl: Immanente Kritik, S. 368.

Mit dieser Bedeutungsverschiebung, die sich auch in Honneths eigenen Denken vollzieht, findet auch eine allgemeine Veränderung des sozialphilosophischen Anspruchs in seinem Werk statt. In älteren Texten, wie exemplarisch *Pathologien des Sozialen. Tradition und Aktualität der Sozialphilosophie*, betont Honneth mit dem Ausweise der Pathologiediagnose erster Ordnung als zentrale Aufgabe der Sozialphilosophie den besonderen Stellenwert der ethischen Dimension für die Kritik an der sozialen Wirklichkeit. Im weiteren Verlauf seines Schaffens rückt diese ethisch-kategorische Dimension jedoch zunehmend in den Hintergrund. Mit der Bestimmung von *Pathologien* als „second-order-disorders"[82], die sich spätestens mit dem Werk *Das Recht der Freiheit. Grundriss einer demokratischen Sittlichkeit* vollzieht[83], wird die materielle Kritik der Normen selbst durch eine *schwache* Kritik der „gegebenen Praktiken als noch nicht angemessen in Hinblick auf ihre repräsentative Leistung"[84] verdrängt. „Dementsprechend besitzen die normativen Urteile, die in diesem Zusammenhang gefällt werden, nicht einen *kategorischen*, sondern einen *graduellen* Charakter [Herv. Al. He.]"[85] und der vergangene Anspruch auf eine „innerweltliche Instanz der Transzendenz"[86] kann nicht mehr eingelöst werden:

Statt einer Kritik „die den Widerspruch zwischen dem Begriff und der Wirklichkeit einer Sache entfaltet"[87] rückt der „Ausgleich zwischen Begriff und historischer Wirklichkeit"[88] in das Zentrum des honnethschen Unternehmens.

6. Fazit und Ausblick

Im Zuge dieser Arbeit hat sich gezeigt, dass Honneths Theorie der Anerkennung „als normative Theorie von Gesellschaft als eines sittlich integrierten Gesamtzusammenhangs von Anerkennungsbeziehungen und zugleich als eine kritische Theorie sozialer Gerechtigkeit gelesen werden"[89] kann. Hierbei entspringt die Notwendigkeit einer normativ begründeten Theorie seinem Anspruch auf Restituierung einer universalistischen, kontexttranszendierenden Gesellschaftskritik. Diese soll, um den gestiegenen methodologischen Ansprüchen der Sozialphilosophie

---

[82] Vgl. Zurn, Christopher F.: Social Pathologies as Second-Order Disorders, in: Petherbridge, Danielle (Hg.): Axel Honneth: Critical Essays With a Reply by Axel Honneth, Leiden 2011.
[83] Vgl. Honneth: Das Recht der Freiheit, S. 157.
[84] Ibid., S. 28.
[85] Ibid.
[86] Honneth: Die soziale Dynamik von Missachtung, S. 89.
[87] Menke, Christoph: Zweite Natur. Kritik und Affirmation, in: Völk, Malte et al. (Hrsg.): „...wenn die Stunde es zulässt." Zur Traditionalität und Aktualität kritischer Theorie, Münster 2013, S. 162f.
[88] Honneth: Das Recht der Freiheit, S. 106.
[89] Sigwart: Honneth, S. 790.

gerecht zu werden, die in der sozialen Wirklichkeit *implizit* eingelassen Normen rekonstruieren und diese als vorwissenschaftliche Instanz zum Maßstab der Kritik erheben. Die darauf aufbauende kritische Dimension seiner Anerkennungstheorie betont anhand der individuellen Erfahrung der Missachtung die konstitutive Bedeutung reziproker Anerkennung für die Herstellung sozialer Gerechtigkeit und wendet sich damit gegen die vorherrschende „ethische Enthaltsamkeit" kantianischer Gerechtigkeitstheorien.[90]

Als Zentrum dieser kritisch-normativen Perspektive hat sich das Konzept der *sozialen Pathologie* herausgestellt, dessen kritische Implikationen im Zuge dieser Arbeit vorgestellt werden sollten. Zunächst konzipiert als kategorische Reflexionsinstanz sozialphilosophischer Kritik, in Bezug auf ein „gelungenes" Leben des Einzelnen im gesamtgesellschaftlichem Allgemeinen, erfuhr der Begriff im Zuge der umfangreichen Rezeptionsgeschichte und des breiten Diskussionszusammenhangs[91] eine weitreichende Weiterentwicklung. Vor dem Hintergrund „eine Theorie der Gerechtigkeit aus den Strukturvoraussetzungen der gegenwärtigen Gesellschaften selbst zu entwerfen"[92] wird der kritische Impetus der Pathologiediagnose dahingehend entschärft, dass dieser sich *positiv* auf die zu kritisierenden Normen bezieht.[93] Nicht länger der Inhalt der Normen selbst, sondern lediglich der Grad ihrer Realisierung steht im Zentrum der Kritik; damit entfernt sich Honneth schließlich von „de[m] klassischen Anspruch der Sozialphilosophie, bestimmte Entwicklungen des sozialen Lebens mit kontexttranszendierendem Anspruch als Pathologien zu bewerten."[94]

An dieser Stelle muss allerdings ebenfalls eingeräumt werden, dass die Theorie der Anerkennung und das sie umgebene Konglomerat an weiterführenden Implikationen und Voraussetzungen, weder eine vollends abgeschlossene noch eine statische Theorie darstellt. Immer wieder betont Honneth den skizzenhaften Charakter seiner Ausführungen und stellt heraus, dass diese als Anstöße zu verstehen seien, die vergessene Traditionen und aus den Augen geratene Fragestellungen wieder in die Diskussion einbinden wollen.[95] Anhand dieser Überlegung lassen sich auch die zugrundeliegende Fragestellungen dieser Arbeit beantworten:

Auch wenn Honneth schlussendlich eine Abkehr von seinem anfänglichen Programm vollzieht, so bleibt dennoch festzuhalten, dass insbesondere das entwickelte Konzept *sozialer Pathologien* die Potenziale bereit hält den gestellten Anspruch einer *kritischen* Sozialphilosophie einzulösen. Dieser Anspruch, auf

---

[90] Jaeggi: Kritik von Lebensformen, S. 30ff.
[91] Vgl. Sigwart: Honneth, S. 790.
[92] Honneth: Das Recht der Freiheit, S. 17.
[93] Vgl. Jaeggi: Kritik von Lebensformen, S. 294 (Fußnote 46).
[94] Honneth: Pathologien des Sozialen, S. 60.
[95] Vgl. Honneth: Kampf um Anerkennung, S. 9.

eine *starke* aber dennoch nicht äußerlich-moralisierende Gesellschaftskritik stellt sich damit, so hat sich

zeigen lassen, zu Recht in die Traditionslinie Kritischer Theorie:

> „Nur durch eine Theorie, die eine in der Gesellschaft enthaltene ‚gegründete Hoffnung' bewahrt, läßt sich die Tatsachenwelt überschreiten und dadurch erkennen; gäbe es keine Hoffnung, wäre das, was ist, alles, und es könnte nicht erkannt, sondern nur dupliziert werden. Die Erkenntnis, die sich in der Dialektik von Tatsachen und Utopie bewegt, hebt den Imperativ der Werturteilsfreiheit auf und konfrontiert das *Sein* mit einem ihm immanenten *Sollen*. Die Realität wird nicht äußerlich-moralisierend herabgesetzt, sondern an ihrem eigenen Sollen gemessen und als ein ‚*Widerspruch*' von Selbstverständnis und Selbsttäuschung expliziert [Herv. i. O.]."[96]

---

[96] Stapelfeldt, Gerhard: Zur deutschen Ideologie. Soziologische Theorie und gesellschaftliche Entwicklung in der Bundesrepublik Deutschland, Münster 2005, S. 143.

Literaturverzeichnis

Adorno, Theodor W./ Horkheimer, Max (2013) [1944]: Dialektik der Aufklärung. Philosophische Fragmente, 21. Auflage, Frankfurt a. M., Fischer Taschenbuch Verlag

Adorno, Theodor W. (1977) [1955]: Prismen. Kulturkritik und Gesellschaft, in: Ders.: Gesammelte Schriften 10.1. Kulturkritik und Gesellschaft I, Frankfurt a. M., Suhrkamp Verlag.

Adorno, Theodor W. (1977) [1966]: Negative Dialektik, in: Ders.: Gesammelte Schriften 6. Negative Dialektik, Jargon der Eigentlichkeit, Frankfurt a. M., Suhrkamp Verlag.

Adorno, Theodor W. (1980) [1951]: Minima Moralia. Reflexionen aus dem beschädigten Leben, in: Ders.: Gesammelte Schriften 4. Minima Moralia, Frankfurt a. M., Suhrkamp Verlag.

Celikates, Robin (2009): Kritik als soziale Praxis. Gesellschaftliche Selbstverständigung und kritische Theorie, Frankfurt a. M., Campus Verlag.

Fraser, Nancy/ Honneth, Axel (2003): Umverteilung oder Anerkennung? Eine politisch-philosophische Kontroverse, Frankfurt a. M., Suhrkamp Verlag.

Honneth, Axel (1989) [1983]: Kritik der Macht. Reflexionsstufen einer kritischen Gesellschaftstheorie, Frankfurt a. M., Suhrkamp Verlag.

Honneth, Axel (1994): Pathologien des Sozialen. Tradition und Aktualität der Sozialphilosophie, in: Ders. (Hg.): Pathologien des Sozialen. Die Aufgaben der Sozialphilosophie, Frankfurt a. M., Fischer Taschenbuch Verlag, S. 9 – 69.

Honneth, Axel (2000): Das Andere der Gerechtigkeit. Aufsätze zur praktischen Philosophie, Frankfurt a. M., Suhrkamp Verlag.

Honneth, Axel (2000): Über die Möglichkeit einer erschließenden Kritik. Die ,Dialektik der Aufklärung' im Horizont gegenwärtiger Debatten über Sozialkritik, in: Ders.: Das Andere der Gerechtigkeit. Aufsätze zur Praktischen Philosophie, Frankfurt a. M., Suhrkamp Verlag, S. 70 – 87.

Honneth, Axel (2000): Die soziale Dynamik von Mißachtung. Zur Ortsbestimmung einer kritischen Gesellschaftstheorie, in: Ders.: Das Andere der Gerechtigkeit. Aufsätze zur praktischen Philosophie, Frankfurt a. M., Suhrkamp Verlag, S. 88 – 109.

Honneth, Axel (2005): Verdinglichung. Eine anerkennungstheoretische Studie, Frankfurt a. M., Suhrkamp Verlag

Honneth, Axel (2011): Das Recht der Freiheit. Grundriss einer demokratischen Sittlichkeit, Berlin, Suhrkamp Verlag.

Honneth, Axel (2016) [1992]: Kampf um Anerkennung. Zur moralischen Grammatik sozialer Konflikte, 9. Auflage, Frankfurt a. M., Suhrkamp Verlag.

Honneth, Axel (2016) [2007]: Rekonstruktive Gesellschaftskritik unter genealogischem Vorbehalt. Zur Idee der ,Kritik' in der Frankfurter Schule, in: Ders.: Pathologien der Vernunft. Geschichte und Gegenwart der Kritischen Theorie, 4. Auflage, Frankfurt a. M., Suhrkamp Verlag, S. 57 – 69.

Horkheimer, Max (1968) [1937]: Traditionelle und kritische Theorie, in: Ders.: Traditionelle und kritische Theorie. Vier Aufsätze, Frankfurt a. M., Fischer Taschenbuch Verlag, S. 12 – 56.

Jaeggi, Rahel (2014): Kritik von Lebensformen, Frankfurt a. M., Suhrkamp Verlag.

Marx, Karl (1976) [1844]: Briefe aus den Deutsch-Französischen Jahrbüchern. Marx an Ruge, in: Ders. /Engels, Friedrich: Werke. Band 1, Berlin/DDR, Karl Dietz Verlag, S. 337-346.

Mende, Janne (2014): Begründungsmuster weiblicher Genitalverstümmelung. Zur Vermittlung von Kulturrelativismus und Universalismus, Bielefeld, transcript Verlag.

Menke, Christoph (2013): Zweite Natur. Kritik und Affirmation, in: Völk, Malte et al. (Hrsg.): „...wenn die Stunde es zulässt." Zur Traditionalität und Aktualität kritischer Theorie, Münster, Westfälisches Dampfboot, S. 154-171.

Nietzsche, Friedrich (1993) [1886]: Jenseits von Gut und Böse. Vorspiel einer Philosophie der Zukunft, in: Colli, Giorgio/Mazzino Montinari (Hrsg.): Friedrich Nietzsche. Kritische Studienausgabe 5, 3. Auflage, Berlin/New York, Walter de Gruyter Verlag, S. 9 – 243.

Sigwart, Hans-Jörg (2018): Axel Honneth, Kampf um Anerkennung (1992), in: Brocker, Manfred (Hg.): Geschichte des politischen Denkens. Das 20. Jahrhundert, Berlin, Suhrkamp Verlag, S. 789 – 804.

Stahl, Titus (2011): Verdinglichung als Pathologie zweiter Ordnung, in: Deutsche Zeitschrift für Philosophie, Band 59, Heft 5, Berlin, Akademie Verlag, S. 731 – 746.

Stahl, Titus (2013): Immanente Kritik. Elemente einer Theorie sozialer Praktiken, Frankfurt a. M., Campus Verlag.

Stapelfeldt, Gerhard (2005): Zur deutschen Ideologie. Soziologische Theorie und gesellschaftliche Entwicklung in der Bundesrepublik Deutschland, Münster, LIT Verlag.

Zurn, Christopher F. (2011): Social Pathologies as Second-Order Disorders, in: Petherbridge, Danielle (Hg.): Axel Hon-neth: Critical Essays With a Reply by Axel Honneth, Leiden, Brill Verlag, S. 345 – 370